BIZCO
LETAS

BIZCO

Clare O'Connell

LETAS

25 RECETAS DE MINIBIZCOCHOS EN PALITOS

EL PAIS
AGUILAR

Para Omelie Alice

Texto: Clare O'Connell
Traducción: Ana Jaén Castilla
Fotografías: Nichole Rees
Diseño de cubierta: Paul Tilby
Coordinación editorial: Manuel Sequeiros
Edición: Conbuenaletra
Maquetación: M. García y M.J. Sánchez

Primera edición: octubre de 2011

Título original: *POP BAKERY*
© 2011 Clare O'Connell (texto)
© 2011 CICO Books (diseño y fotografías)
© Santillana Ediciones Generales. S.L.
2011 Para la presente edición
Torrelaguna. 60. 28043 Madrid
Tel. 91 744 90 60 Fax. 91 744 90 93
www.elpaisaguilar.es

ISBN: 978-84-03-51115-6

Impreso en China

CONTENIDOS

introducción

Es un honor para mí escribir este libro. El año pasado fue una auténtica locura, repleta de proyectos tan apasionantes como descabellados. Puse en marcha mi negocio, POP Bakery, y con él sigo en el hogar de mi infancia. Me animé a crearlo porque me quedé prendada de las bizcoletas. Un día, mientras cuidaba de mi pequeña amiga Sadie, me enamoré de estas piruletas de bizcocho y decidí crear mi propia versión. La gente enseguida se sintió atraída por estas bolitas adorables. Es imposible que no te gusten, no solo por su estética, sino también, y lo más importante, por su indiscutiblemente delicioso sabor.

Antes de fundar POP Bakery estuve trabajando durante un año en pastelerías y siempre había tenido un don para la creatividad a la hora de decorar pasteles. Finalmente, descubrí el producto perfecto para combinar mis gustos y habilidades. Las bizcoletas dan rienda suelta a una creatividad ilimitada. Nunca resultan aburridas y en POP Bakery diseñamos nuevas versiones casi todas las semanas. Para un repostero creativo son el producto ideal con el que trabajar, y ¡una idea perfecta para compartir en un libro! Este es el primer título de POP Bakery, y espero que impulse la imaginación de futuros reposteros y decoradores de pasteles.

Este libro colma todas las esperanzas y sueños que tenía al empezar hace un año con la repostería de bizcoletas: ya podemos decir adiós a los *cupcakes* y dar la bienvenida a las bizcoletas. Una nueva moda ha llegado y espero que la disfrutéis tanto como yo he disfrutado este año.

Clare O'Connell

BIZCO SHOP

Necesitamos tener a mano unos cuantos útiles para que la elaboración de las bizcoletas sea una experiencia divertida y exitosa. La mayoría son utensilios normales de cocina, pero será necesario acudir a una tienda especializada en repostería o buscar en Internet algunos ingredientes menos habituales. En conveniente disponer siempre de un buen surtido de palitos de piruleta *(ver proveedores, p. 62)*.

MATERIAL

Robot de cocina: acelera la elaboración del bizcocho y es útil para mezclar la cobertura de queso crema. Ambas cosas se pueden hacer a mano.

Microondas: para derretir las Candy Melts *(ver abajo)*.

Báscula de precisión: para comprobar que cada bizcoleta tiene el mismo peso.

Palitos de piruleta: esenciales para transformar una bola de bizcocho en una bizcoleta *(ver proveedores. p. 62)*.

Pincel: lo ideal sería contar con un buen surtido que incluyera pinceles finos para los adornos delicados y otros de punta más gruesa para extender los polvos comestibles y la purpurina.

Rotuladores comestibles: se utilizan en lugar de la manteca de cacao para adornar las bizcoletas *(ver abajo)*.

Paleta: un plato, una huevera de porcelana o una paleta sirven para disponer de manteca de cacao de varios colores.

Poliestireno: es ideal para dejar reposar las bizcoletas. Se pueden sacar trozos de poliestireno de los embalajes protectores. Hacemos unos cuantos agujeros y ya están listos para insertar las bizcoletas. También podemos utilizar una cubitera o un escurridor.

Envoltorios: los envoltorios de celofán se pueden comprar *online (ver proveedores. p. 62)*. Las bizcoletas deben cubrirse mientras se secan y conservan en el frigorífico, y también cuando se sacan del congelador. El celofán las protege y evita que las bizcoletas rezumen. Si además les ponemos un lazo, son el regalo perfecto.

Moldes de silicona: se consiguen en tiendas de cocina y los hay de diferentes formas: flores, mariposas, labios... Introducimos el fondant mezclado con la goma tragacanto *(ver abajo)* y lo dejamos reposar antes de aplicarlo a la bizcoleta.

Cortadores de galletas: para cortar círculos perfectos o para hacer el pelo ondulado de las bizcoletas de payaso.

INGREDIENTES

Candy Melts: son obleas de caramelo de la marca Wilton que se derriten en el microondas para formar una pasta líquida. Se venden en paquetes de 400 g. y las hay de diferentes colores. Una vez derretidas, bañamos la bizcoleta y cuando la cobertura esté seca tendremos la base perfecta para decorar. Las obleas tienen sabor a vainilla o a chocolate. Si la mezcla es demasiado espesa, la podemos rebajar con una cucharada de aceite. Si derretimos demasiadas Candy Melts, podemos cubrirlas con plástico y conservarlas a temperatura ambiente hasta la próxima sesión de bizcoletas.

Manteca de cacao: es un ingrediente que emplean los chocolateros en sus decoraciones y se usa en la elaboración de las bizcoletas para conseguir un efecto especial. Se puede comprar *online (ver p. 62)*. Antes de utilizar la manteca, la metemos en el microondas durante 2–4 minutos para que se derrita. Vertemos el líquido en la paleta y lo utilizamos como pintura.

Rejuvenator Spirit: es un alcohol de uso alimentario de la marca Sugarflair. Se puede mezclar con polvos comestibles para pintar adornos en las bizcoletas en vez de usar manteca de cacao. Después de pintar, empleamos un *spray* de glaseado para evitar borrones.

Confites: existe una gran variedad de confites para transformar una simple bizcoleta en una súper bizcoleta.

Colorantes alimentarios: Hay pastas, líquidos, polvos, purpurinas y pinturas comestibles adecuadas para cada creación. Los polvos comestibles (también conocidos como tintes) son los polvos de colores más versátiles para decorar la bizcoleta y se aplican mejor con un pincel.

Fondant (glaseado real): esta cobertura espesa puede adoptar la forma que queramos, a mano o usando moldes de silicona, desde bolitas para los ojos hasta formas más complejas. Si se mezcla con un poco de goma tragacanto *(ver siguiente)* nos aseguraremos de que cada pieza se endurece y mantiene su forma.

Goma tragacanto: es un ingrediente para decorar dulces que se obtiene de la goma natural de un arbusto del mismo nombre. Se mezcla con el fondant (glaseado real) para crear una base más consistente que mantiene la forma. Añadimos 1 o 2 cucharadas de este polvo y un puñado de fondant, y mezclamos con las manos hasta que el fondant se endurezca y no quede pegajoso. Se le puede dar la forma que se quiera o se puede introducir en un molde de silicona y dejar que se endurezca.

ANTES DE LA BIZCOLETA

Estas son las técnicas básicas que debemos dominar antes de embarcarnos en este viaje fantástico. Deberemos intentarlo un par de veces para cogerle el truco, y ya se sabe que la práctica lleva a la perfección, en particular con un dulce tan maravilloso como es la bizcoleta.

HACER EL BIZCOCHO

Esta receta sirve para preparar un sencillo bizcocho de chocolate esponjoso que será la base de todas las bizcoletas.

NECESITAMOS

125 g de mantequilla con una pizca de sal a temperatura ambiente.

125 g de azúcar glas
2 huevos medianos
125 g de harina con levadura
2 cucharadas de cacao en polvo

1 molde engrasado de 20 cm.

1 Precalentamos el horno a 160 °C.

2 Introducimos la mantequilla y el azúcar en el robot de cocina y batimos a una velocidad media hasta conseguir una masa blanca y esponjosa.

3 Mientras batimos la mezcla, añadimos los huevos poco a poco. A continuación, espolvoreamos la levadura y el cacao, y batimos hasta conseguir una mezcla homogénea.

4 Vertemos la masa en el molde y la introducimos en el horno precalentado durante 25 minutos o hasta que suba y esté bien cocida. Comprobamos si está bien horneada pinchando el bizcocho con una brocheta; si es así, la aguja saldrá limpia.

5 Dejamos enfriar el bizcocho en el molde durante 30-40 minutos; después lo desmoldamos sobre una rejilla durante unas cuantas horas hasta que se enfríe completamente. Es mucho mejor preparar el bizcocho el día antes de elaborar las bizcoletas.

HACER
LAS BOLAS

Para 20 bizcoletas:
1 bizcocho frío *(ver página anterior)*
70 g de queso cremoso
150 g de azúcar glas tamizado

1 Introducimos el bizcocho en el robot de cocina hasta desmigarlo. Lo reservamos aparte. Mezclamos el queso cremoso y el azúcar glas en el robot de cocina hasta que queden bien unidos.

2 Con las manos, mezclamos el bizcocho desmigado con la cobertura de queso hasta que se reparta toda la crema y consigamos una masa esponjosa.

3 Pesamos un trozo de masa de bizcocho de 30 g en la báscula. Formamos una bola y la dejamos en un plato. Repetimos la operación para hacer otras 19 bolas.

4 Guardamos el plato de las bolas de bizcocho en el frigorífico y dejamos que se enfríen durante unas cuantas horas. Si andamos justos de tiempo, las metemos en el congelador durante 10-15 minutos hasta que se endurezcan, pero sin dejar que se pongan como una piedra o que se congelen.

LOS CLÁSICOS

NECESITAMOS

20 bolas de bizcocho de 30 g *(ver página 11)*
400 g de Candy Melts
1 cucharada de aceite vegetal
confites para la decoración

20 palitos de piruleta

1 Ponemos un bol con los Candy Melts en el microondas a temperatura media durante 2 minutos. Movemos el líquido cada 30 segundos para asegurarnos de que se derriten sin quemarse.

2 Cuando los Candy Melts se hayan derretido totalmente. sumergimos 1 cm de cada palito de piruleta en el líquido y lo insertamos en cada bola de bizcocho endurecida.

¡Así es cómo transformamos la bola de bizcocho en una sencilla bizcoleta lista para decorar!

3 Continuamos removiendo el líquido para asegurarnos de que tiene una consistencia ligera. Si vemos que está demasiado espeso, aligeramos la mezcla con una cucharada de aceite vegetal.

4 Sujetándolo por el extremo del palito, sumergimos cada bizcoleta en el bol del líquido fundido hasta cubrirlo por completo; si es necesario, nos ayudamos con una cuchara. Agitamos la bizcoleta con suavidad para eliminar el exceso de líquido.

5 Si usamos confites o azúcar decorativo, adornaremos la bizcoleta antes de que la cobertura se seque. Insertamos los palitos en un bloque de poliestireno para que se sequen. Las cubrimos con celofán y las reservarmos en el frigorífico. Una vez secas, les añadimos manteca de cacao (si tenemos) y las dejamos secar en el congelador durante 5-10 minutos, antes de cubrirlas y guardarlas en el frigorífico. Las bizcoletas pueden aguantar una semana en el frigorífico o dos días a temperatura ambiente.

Recomendamos no dejar las bizcoletas sin cubrir en la nevera, ya que rezumarían.

CALAVERAS

NECESITAMOS

20 bolas de bizcocho de 30 g
  (ver página 11)
1 paquete de 400 g de Candy Melts
  de colores variados
purpurina comestible
manteca de cacao negra
aceite vegetal

20 palitos de piruleta
un pincel
una paleta

Inspiradas en unas sorprendentes calaveras de papel maché que compré en un viaje a México.

1 Amasamos la bola de bizcocho hasta darle forma de calavera. Marcamos las mandíbulas, los pómulos, las cuencas de los ojos y la frente.

2 Derretimos los Candy Melts de colores *(ver pp. 12-13)*. Sumergimos 1 cm del palito de piruleta en el líquido fundido y lo insertamos en la base de la calavera. Bañamos toda la calavera con el líquido y repetimos los pasos 1 y 2 con las demás bolas de bizcocho, empleando los líquidos de diferentes de colores como se prefiera. Las dejamos reposar.

3 Introducimos el dedo en la purpurina y rellenamos las cuencas. Fundimos la manteca en el microondas a temperatura media durante 2-4 minutos. Pintamos una nariz triangular, los dientes y una cruz, o elegimos un diseño propio. Secamos las calaveras en el congelador durante 5-10 minutos y después las cubrimos y reservamos en el frigorífico.

20 bolas de bizcocho
de 30 g *(ver página 11)*
1 paquete de 400 g de
Candy Melts blancas
40 confites redondos
manteca de cacao negra

20 palitos de piruleta
un pincel
una paleta

¡Son súper tiernos, sus sencillos rasgos faciales hacen que sean perfectos para las bizcoletas!

OSOS PANDA

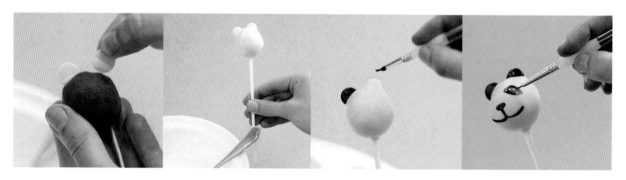

1 Derretimos los Candy Melts *(ver pp. 12–13).* Mientras los calentamos, moldeamos con los dedos cada una de las bolas de bizcocho hasta conseguir la cara de un oso con un hocico que sobresalga. Una vez fundidos los Candy Melts, cogemos dos confites redondos y los sumergimos hasta la mitad en el líquido. Después, los insertamos en la cabeza para formar las orejas.

2 Sumergimos 1 cm del palito de piruleta en el líquido derretido y lo insertamos en la cabeza del oso panda. Bañamos toda la cabeza con el líquido hasta que quede totalmente cubierta de blanco. Repetimos los pasos 1 y 2 con las demás bolas. Dejamos reposar las cabezas de los osos panda en un escurridor.

3 Mientras reposan, calentamos en el microondas la manteca de cacao a temperatura media durante 2–4 minutos, hasta que, al agitar el bote, el líquido se mueva en el interior. Vertemos la manteca de cacao en la paleta y con un pincel fino pintamos las orejas.

4 Dibujamos la nariz y la boca. A continuación, pintamos espesos círculos negros a modo de ojos. Dejamos un espacio en medio para pintar la pupila negra. Secamos las bizcoletas de oso panda en el congelador, en un escurridor o en una bandeja durante 5–10 minutos, hasta que cuando toquemos la pintura con el dedo no nos manchemos.

¡Una de las bizcoletas más llamativas
de POP Bakery y mi favorita!

MUÑECAS
RUSAS

NECESITAMOS

**20 bolas de bizcocho
de 30 g** *(ver página 11)*
**1 paquete de 400 g de
Candy Melts blancos
manteca de cacao negra
y de otros colores**

*20 palitos de piruleta
una paleta
un pincel fino*

1 Sacamos las bolas de bizcocho del frigorífico y dividimos cada una en dos bolitas: una más grande para el cuerpo y la más pequeña para la cabeza. Mientras derretimos los Candy Melts *(ver pp. 12-13)*. reservamos las cabezas y los cuerpos en el frigorífico. Cuando tengamos el líquido listo. mojamos la cabeza en el líquido y la pegamos al cuerpo para formar la muñeca.

2 Sumergimos 1 cm del palito de piruleta en el líquido derretido y lo insertamos en el cuerpo de la muñeca. Después. bañamos toda la muñeca con el líquido y la agitamos despacio para eliminar el exceso de caramelo. Dejamos reposar la muñeca en un escurridor. Repetimos los pasos 1 y 2 con las 19 muñecas restantes.

3 Mientras reposan. fundimos las mantecas de cacao en el microondas a temperatura media durante 2-4 minutos. Después. las extendemos en la paleta o en la tapa de un bote. Las hueveras son las paletas perfectas para pintar las muñecas. Cogemos el pincel y pintamos primero un círculo. después pintamos el nacimiento del pelo. y luego. los ojos y la boca.

4 Utilizamos los demás colores para decorar la muñeca. Yo suelo pintar algunos cuerpos con flores y otros con corazones. Dejamos la parte de atrás sin pintar y las colocamos en una bandeja. Las guardamos en el congelador para que se sequen durante 5-10 minutos.

DIENTES

Esta genial idea se le ocurrió a un cliente para agradecer a su dentista su buen hacer. Además, ¡son los regalos perfectos para el ratoncito Pérez!

NECESITAMOS

20 bolas de bizcocho de 30 g *(ver página 11)*
1 paquete de 400 g de Candy Melts blancos manteca de cacao negra (opcional)

20 palitos de piruleta
una paleta
un pincel fino o un rotulador de uso alimentario

1 Preparamos los Candy Melts *(ver pp. 12-13)*. Mientras los calentamos en el microondas, damos forma a las bolas para que parezcan dientes con raíces. Es sencillo: amasamos una forma cuadrada con una base curva cuyos bordes externos serán las dos raíces del diente.

2 Sumergimos 1 cm del palito de piruleta en el líquido derretido y lo insertamos en el diente. Bañamos todo el diente con el líquido hasta que quede cubierto de blanco. Repetimos los pasos 1 y 2 con las demás bolas. Dejamos reposar las bizcoletas de diente.

3 Pintamos una cara a las bizcoletas con un rotulador o con un pincel y manteca de cacao (mientras reposan calentamos, si la vamos a usar, la manteca de cacao en el microondas a temperatura media durante 2-4 minutos). En este caso, dejaremos que se sequen en el congelador durante 5-10 minutos. Con el rotulador, no es necesario que se sequen.

CARACOLES

NECESITAMOS

20 bolas de bizcocho de 30 g *(ver página 11)*
goma tragacanto
fondant blanco (glaseado real)
1 paquete de 400 g de Candy Melts blancos
   y negros
polvos comestibles de colores variados
manteca de cacao de colores

20 palitos de piruleta
una paleta
un pincel

¡Los caracoles tienen una forma fascinante, la mejor para crear una buena bizcoleta!

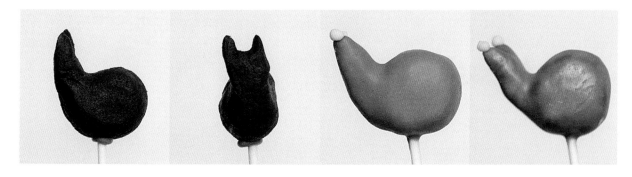

1 Amasamos la bola hasta darle forma de caracol, hacemos un óvalo alargado para el cuerpo, en forma de berenjena.

2 En la cabeza del caracol, formamos dos antenas. Para los ojos, mezclamos un poco de goma tragacanto con un trozo de fondant blanco, amasamos 40 bolitas y dejamos que se endurezcan. Para obtener un tono neutro como el gris mezclamos los Candy Melts blancos y negros y los derretimos *(ver pp. 12-13).*

3 Sumergimos 1 cm del palito en el líquido y lo insertamos en el cuerpo del caracol. Bañamos todo el caracol con el líquido hasta que quede bien cubierto. Antes de que se seque, pegamos las bolitas blancas en las antenas. Repetimos los pasos 1 y 3 con las demás bolas y las dejamos reposar.

4 Decoramos la concha del caracol pintándola con diferentes polvos comestibles de colores. Fundimos la manteca de cacao en el microondas a temperatura media durante 2-4 minutos y le pintamos los adornos, sin olvidarnos de pintar un punto negro a modo de ojos. Los dejamos secar en el congelador durante 5-10 minutos. Después, los cubrimos y los reservamos en el frigorífico.

PINGÜINOS

¿A quién no le gustan los pingüinos? ¡Tenemos accesorios para toda la familia: pajaritas para ellos y unas delicadas pestañas para la mamá pingüina!

NECESITAMOS

20 bolas de bizcocho de 30 g *(ver página 11)*
1 paquete de 400 g de Candy Melts blancos y negros
goma tragacanto
fondant blanco (glaseado real)
polvos comestibles rojos y naranjas
manteca de cacao de colores

20 palitos de piruleta
una paleta
un pincel

1 Preparamos los ojos mezclando un poco de goma tragacanto con un trozo de fondant blanco. Hacemos 40 bolitas y dejamos que se endurezcan. Derretimos los Candy Melts negros *(ver pp. 12-13)*. Mientras. le damos forma ovalada a la bola para crear el cuerpo. Sumergimos 1 cm del palito de piruleta en el líquido y lo insertamos en el cuerpo. Bañamos el pingüino hasta que quede bien cubierto. Antes de que se seque. le pegamos los ojos. Repetimos el proceso con las demás bolas y las dejamos reposar.

2 Derretimos los Candy Melts blancos *(ver pp. 12-13)*. Cuando la cobertura negra se haya fijado. empapamos la barriguita en el líquido blanco *(ver el consejo de abajo)*. Los dejamos secar.

TRU CO

Para conseguir una barriguita blanca. llenamos la cuchara (mejor que un bol) con el líquido blanco derretido y empapamos la barriguita. Si nos pasamos del área deseada. retiramos el exceso de líquido con suavidad.

3 Pintamos un pico rojo y lo difuminamos con el polvo comestible naranja. Fundimos la manteca de cacao en el microondas a temperatura media durante 2-4 minutos y delineamos el pico y las patas. Los dejamos secar en el congelador durante 5-10 minutos. A continuación. los cubrimos y los reservamos en el frigorífico.

MONSTRUOS

¡Deja volar la imaginación y crea una colección de monstruos para la noche de Halloween!

NECESITAMOS

20 bolas de bizcocho de 30 g *(ver página 11)*
1 paquete de 400 g de Candy Melts de colores chillones
goma tragacanto
fondant blanco (glaseado real)
manteca de cacao de colores

20 palitos de piruleta
una paleta
un pincel
molde de silicona para los labios (opcional)

1 Derretimos los Candy Melts *(ver pp. 12–13)*. Mientras. le damos forma de monstruo a la bola de bizcocho. La forma puede ser simple. redondeada o similar a un globo (estas últimas funcionan bien). Sumergimos 1 cm del palito de piruleta en el líquido derretido y lo insertamos en el cuerpo.

2 Mezclamos un poco de goma tragacanto con un trozo de fondant blanco y creamos los ojos y los demás partes de la cara de nuestro monstruo. Podemos hacer los labios con un molde de silicona. Bañamos todo el monstruo con el líquido derretido hasta que quede bien cubierto. Repetimos los pasos 1 y 2 con las demás bolas.

3 Pegamos las partes de la cara con la cobertura todavía húmeda. Fundimos la manteca en el microondas y con la negra pintamos las pupilas. y algún colmillo con la blanca. Secamos las bizcoletas en el congelador durante 5–10 minutos. y las cubrimos y guardamos en el frigorífico.

LEOPARDOS

Inspirados en los creativos diseños de uñas. ¿Qué mejor que una bizcoleta con estampado de leopardo?

NECESITAMOS

**20 bolas de bizcocho de 30 g *(ver página 11)*
1 paquete de 400 g de Candy Melts blancos
polvos comestibles de colores variados
manteca de cacao negra**

**20 palitos de piruleta
una paleta
un pincel fino**

1 Derretimos los Candy Melts *(ver pp. 12-13)*. Sumergimos 1 cm del palito de piruleta en el líquido y lo insertamos en la bola. Bañamos toda la bola con el líquido blanco hasta que quede bien cubierta. Repetimos el mismo proceso con las demás bolas. Las dejamos reposar.

2 Usamos la punta del pincel para aplicar los puntos sobre las bizcoletas con los polvos comestibles. Pintamos puntos alrededor de toda la bola.

3 Calentamos la manteca de cacao en el microondas. Pintamos tres rayitas alrededor de cada punto para crear el estampado de leopardo. Secamos las bizcoletas en el congelador durante 5-10 minutos, y las cubrimos y reservamos en el frigorífico.

TRU CO

Para pintar pequeños adornos se requiere un pulso firme. Para ayudarnos, apoyamos la mano en el borde de la mesa o el brazo en la rodilla.

TIGRES

Inspirados en mi cuento preferido de la infancia: *El tigre que vino a tomar el té.* ¡Son perfectos para la hora del té!

NECESITAMOS

20 bolas de bizcocho de 30 g *(ver página 11)*
1 paquete de 400 g de Candy Melts naranja
confites de corazón
manteca de cacao blanca y negra

20 palitos de piruleta
una paleta
un pincel fino

1 Amasamos las bolas de bizcocho dándoles forma de cabeza con un hocico que sobresalga. Derretimos los Candy Melts *(ver pp. 12–13)*. Empapamos 2 confites de corazón en el líquido y los insertamos en la cabeza de manera que las puntas formen las orejas. Sumergimos 1 cm del palito de piruleta en el líquido y lo insertamos en la cabeza. Repetimos el proceso con las demás bolas.

2 Bañamos toda la bola con el líquido naranja y dejamos que este se fije. Fundimos la manteca de cacao blanca en el microondas a temperatura media durante 2–4 minutos. Pintamos las partes blancas del tigre. Dejamos reposar.

3 Fundimos la manteca de cacao negra en el microondas a temperatura media durante 2–4 minutos. Pintamos los ojos y el resto de las marcas. Pintamos pestañas a las tigresas y unos rasgos más masculinos a los tigres. Los dejamos secar en el congelador durante 5–10 minutos. A continuación, los cubrimos y los reservamos en el frigorífico.

CACTUS

NECESITAMOS

20 bolas de bizcocho de
 30 g *(ver página 11)*
goma tragacanto
fondant (glaseado real) de
 colores para hacer flores
1 paquete de 400 g de
 Candy Melts verdes
manteca de cacao negra

*molde de silicona en forma
 de flores (opcional)*
20 palitos de piruleta
una paleta
un pincel

1 Mezclamos un poco de goma tragacanto con un trozo de fondant y hacemos unas cuantas flores, ya sea moldeándolas a mano, ya sea utilizando un molde de silicona. Dividimos la bola de bizcocho en tres bolitas, las amasamos y les damos forma de salchicha: una para el cuerpo y las otras dos para los brazos. Guardamos las bolas en el frigorífico mientras derretimos las Candy Melts *(ver pp. 12–13).*

2 Bañamos los brazos con el líquido verde derretido y los pegamos al cuerpo del cactus. Sumergimos 1 cm del palito del piruleta en el líquido y lo insertamos en el cuerpo.

3 Bañamos el cactus en el líquido y le pegamos flores de fondant antes de que se seque. Repetimos los pasos con las demás bolas. Fundimos la manteca de cacao y pintamos rayitas para simular los pinchos del cactus. Secamos las bizcoletas en el congelador durante 5–10 minutos, las cubrimos y las reservamos en el frigorífico.

TRU
CO

Para que las flores de fondant sean más bonitas y de un color más intenso, las pintamos con polvos comestibles.

PAYASOS

NECESITAMOS

20 bolas de bizcocho
 de 30 g *(ver página 11)*
fondant blanco y rojo
 (glaseado real)
goma tragacanto
1 paquete de 400 g de
 Candy Melts blancos
200 g de Candy Melts de
 colores variados
manteca de cacao de color
 rojo, negro y blanco
polvos comestibles

20 palitos de piruleta
un cortador de galletas
 ondulado de 3 cm de
 diámetro
una paleta
un pincel o un rotulador
 de uso alimentario

Son superdivertidos para cualquier fiesta de temática circense. Imagina accesorios, gestos y figuras para crear personajes variopintos.

1 Primero, creamos los accesorios de la bizcoleta. Endurecemos el fondant con la pasta de tragacanto *(ver p. 9)* y amasamos algunos trocitos para darles forma de sombreros cónicos; les añadimos bolitas de fondant de diferentes colores para los pompones. También los podemos dejar en blanco y pintar adornos con los polvos comestibles y la manteca de cacao. Preparamos 20 narices rojas de payaso con el fondant endurecido.

2 Derretimos las Candy Melts *(ver pp. 12–13)*. Dividimos una bola de bizcocho en dos bolitas para formar el pelo ondulado a ambos lados de la cabeza del payaso. Sumergimos las dos bolitas en el líquido y las pegamos en la cabeza. Para añadir una gorguera, usamos el cortador de galletas, con el que cortaremos un trozo plano de bola del mismo diámetro que la cabeza. Lo pegamos a la cabeza con el líquido. Sumergimos 1 cm del palito de piruleta en el líquido y lo insertamos a través de la gorguera hasta la mitad de la cabeza.

3 Bañamos todo el payaso con el líquido blanco y, antes de que se seque, le pegamos la nariz roja y el sombrero (opcional). Lo dejamos reposar. Repetimos los pasos 2 y 3 con las demás bolas de bizcocho. Con un pincel y el líquido de colores pintamos el pelo. Lo dejamos secar y lo volvemos a pintar para que el pelo quede más grueso. Empleamos polvos comestibles para las mejillas y los ojos.

4 Fundimos la manteca de cacao en el microondas a temperatura media durante 2–4 minutos. Mezclamos la manteca roja y la blanca para pintar una boca rosada y sonriente en forma de salchicha. Con el rotulador o la manteca negra pintamos cruces a modo de ojos. Una vez que la boca sonriente está seca, pintamos una fina línea negra para definir los labios. Secamos las bizcoletas en el congelador durante 5–10 minutos; luego, las cubrimos y las reservamos en el frigorífico.

RANAS

Esta bizcoleta se la dedico a mi madre, que siente debilidad por las ranas. Es fácil de hacer. Este pequeño coro de ranas te alegrará el día.

NECESITAMOS

20 bolas de bizcocho de 30 g *(ver página 11)*
fondant blanco (glaseado real)
goma tragacanto
1 paquete de 400 g de Candy Melts verdes
Manteca de cacao negra (opcional)

20 palitos de piruleta
una paleta
un pincel o un rotulador de uso alimentario

1 En primer lugar, hacemos los ojos saltones con trocitos de fondant blanco. Antes de continuar, mezclamos un poco de goma tragacanto con el fondant *(ver p. 9),* para que los ojos se endurezcan sin perder la forma. Amasamos 40 ojos y los dejamos aparte. Derretimos los Candy Melts *(ver pp. 12-13).* Sumergimos 1 cm del palito de piruleta en el líquido y lo insertamos en la bola de bizcocho.

2 Bañamos toda la bizcoleta en el líquido verde fundido. Antes de que se seque, le pegamos los ojos encima de la cabeza. Repetimos los pasos 1 y 2 con las demás bolas y las dejamos reposar.

3 Con un rotulador (o un pincel fino y manteca de cacao derretida) pintamos con cuidado un punto en medio de los ojos, una bonita sonrisa y dos orificios nasales en la cara. Si empleamos manteca de cacao, dejamos que las bizcoletas se sequen en el congelador durante 5-10 minutos. Si usamos un rotulador, no es necesario dejarlas secar. Una vez secas, las cubrimos y las reservamos en el frigorífico.

CUPCAKES

¡Los *cupcakes* son siempre divertidos! Estos preciosos pastelitos son muy femeninos: ¡sus colores pastel y sus delicados confites son indispensables!

NECESITAMOS

20 bolas de bizcocho
  de 30 g *(ver página 11)*
1 paquete de 400 g de
  Candy Melts blancos para
  la base
200 g de Candy Melts de
  colores variados para la
  cobertura
azúcar decorativo:
  confites, flores, purpurina

20 palitos de piruleta
1 cortador de galletas
  ondulado de 3 cm de
  diámetro
una paleta
un pincel

1 Aplastamos la bola de bizcocho hasta que esté a la misma altura que el cortador de galletas. Cortamos una figura ondulada, y lo que queda de la bola lo amasamos y le damos forma de bocadito.

2 Derretimos los Candy Melts *(ver pp. 12-13)*. Bañamos la base del bocadito con el líquido blanco y lo pegamos a la base del *cupcake*. Sumergimos 2 cm del palito de piruleta en el líquido derretido y lo insertamos desde la base hasta la mitad del *cupcake*. Bañamos la bizcoleta en el líquido blanco.

3 Repetimos los pasos 1 a 3 con las demás bolas y las dejamos reposar. Cuando se hayan secado, empapamos la parte superior del *cupcake* en el líquido de colores y, antes de que se seque, pegamos una flor de azúcar o confites, o añadimos purpurina. Cubrimos las bizcoletas y las reservamos en el frigorífico.

PASTEL DE BODA

Una alternativa a las tartas de boda de varios pisos. ¿Por qué no posar para la foto con sendas bizcoletas y con los brazos entrelazados, como si se brindara con copas de champán?

NECESITAMOS

20 bolas de bizcocho de 30 g *(ver página 11)*
1 paquete de 400 g de Candy Melts blancos perlitas de chocolate blanco y confites en forma de corazones o palomas

1 cortador de galletas ondulado de 3 cm de diámetro
1 cortador de galletas simple de 2.5 cm de diámetro
1 cortador de galletas simple de 1.5 cm de diámetro
20 palitos de piruleta

1 Aplastamos la bola de bizcocho y cortamos el primer piso con el cortador de 3 cm. Amasamos el sobrante y cortamos el segundo con el de 2.5, y hacemos lo mismo con el más pequeño. Repetimos el proceso con las demás bolas de bizcocho.

2 Derretimos los Candy Melts *(ver pp. 12–13).* Empapamos la base del piso superior y la del segundo con el líquido y pegamos los tres pisos, uno encima del otro, para crear un efecto de tres niveles.

3 Sumergimos 2 cm del palito en el líquido y lo insertamos hasta el segundo piso, de manera que los tres pisos queden bien sujetos. Bañamos los pasteles en el líquido, espolvoreamos con las perlitas de chocolate e insertamos un corazón o una paloma como guinda. Los cubrimos y reservamos en el frigorífico.

Las bizcoletas de pastel de boda se pueden decorar de diferentes maneras: con una bonita rosa de azúcar o confites de minicorazones quedan preciosas, y, por supuesto, podemos elegir Candy Melts de distintos colores para los pisos de la tarta, creando una versión menos tradicional.

GEISHAS

Bizcoletas para amigos japoneses. Se puede hacer una encantadora escena del Lejano Oriente con estas *geishas* y figuras de *origami*.

1 Dividimos cada bola de bizcocho en tres bolas: una grande para el cuerpo, una mediana para la cabeza y otra pequeña para el pelo. Conservamos las bolas en el congelador mientras derretimos los Candy Melts *(ver pp. 12–13).*

2 Empapamos la base de la cabeza en el líquido y la pegamos al cuerpo. Sumergimos la bola del pelo en el líquido y la pegamos encima de la cabeza, pero un poco inclinada hacia atrás. Sumergimos 1 cm del palito de piruleta en el líquido y lo insertamos a través del cuerpo hasta la mitad de la cabeza. Repetimos los pasos 1 y 2 con las demás bolas. Las dejamos reposar.

3 Derretimos unos cuantos Candy Melts negros y sumergimos el pelo y un poco de la cabeza en el líquido para que el pelo parezca más largo a ambos lados, sugiriendo una raya en medio. Antes de que se sequen, insertamos en el pelo dos fideos blancos de azúcar a modo de palillos. Dejamos secar las bizcoletas y, a continuación, pintamos las mejillas y el kimono con polvo alimentario de bonitos colores.

4 Fundimos la manteca de cacao en el microondas a temperatura media durante 2–4 minutos. Con un pincel fino y con la manteca negra completamos los detalles del kimono y los rasgos de la cara. Pintamos unos labios rojos de *geisha*: un triángulo invertido de tres puntos acertaría con la forma. Dejamos secar las *geishas* en el congelador durante 5–10 minutos; después, las cubrimos y las reservamos en el frigorífico.

NECESITAMOS

20 bolas de bizcocho
de 30 g (ver página 11)
1 paquete de 400 g de
Candy Melts blancos y
negros
fideos de azúcar blanco
polvos alimentarios
manteca de cacao negra
y roja

20 palitos de piruleta
una paleta
un pincel fino

MUÑECAS MAYA

Esta es una bizcoleta muy especial para mi querida amiga Maya, que es parte integrante de POP Bakery y una verdadera artista.

NECESITAMOS

20 bolas de bizcocho de 30 g *(ver página 11)*

1 paquete de 400 g de Candy Melts de colores exóticos como el naranja, el verde lima y el color caramelo para el tono de la piel

manteca de cacao negra y roja

20 palitos de piruleta
una paleta
un pincel fino

1 Dividimos la bola de bizcocho en dos bolas: una más grande para el cuerpo y otra para la cabeza. Mientras fundimos los Candy Melts *(ver pp. 12–13)*, reservamos las cabezas y los cuerpos en el frigorífico. Empapamos la base de la cabeza en el líquido y la pegamos al cuerpo de la bizcoleta.

2. Sumergimos 1 cm del palito en el líquido y lo insertamos a través del cuerpo y hasta la mitad de la cabeza. Bañamos la bizcoleta en el líquido. Repetimos los pasos 1 y 2 con las demás bolas de bizcocho, bañándolas en los líquidos de diferentes colores, y las dejamos reposar.

3 Derretimos los Candy Melts de color caramelo y empapamos la parte frontal de la cabeza en el líquido para crear la cara *(ver consejo p. 25)*. La dejamos reposar. Fundimos la manteca de cacao y con un pincel fino pintamos detalles de los saris, los ojos cerrados y un pequeño *bindi* rojo en la frente. ¡Una cadenita en la nariz queda monísima! Secamos las muñecas en el congelador; luego, las cubrimos y las reservamos en el frigorífico.

TRU CO

Delineamos con negro la cara y continuamos hasta el principio del hombro para sugerir el pliegue del sari. ¡Los estampados de cachemira y otros diseños indios harán que tus muñecas indias cobren vida!

BÚHOS

Puedes hacer el brillante
plumaje de estos búhos con
exóticas combinaciones de
polvos comestibles.

NECESITAMOS

**20 bolas de bizcocho
de 30 g** *(ver página 11)*
**1 paquete de 400 g de
Candy Melts azul claro o
naranja**
polvos comestibles
**manteca de cacao blanca
y negra**

*20 palitos de piruleta
una paleta
un pincel fino*

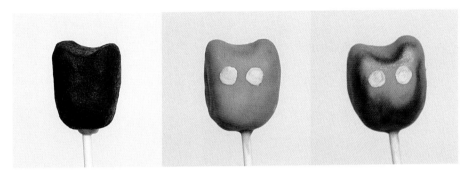

1 Derretimos los Candy
Melts *(ver pp. 12–13).*
Mientras, amasamos
la bola de bizcocho
dándole forma de búho:
primero hacemos un
rectángulo compacto
y lo aplastamos con
suavidad en el centro
de la parte superior
para que los lados
se asemejen a las
puntas de las orejas.
Sumergimos 1 cm del
palito de piruleta en el
líquido y lo insertamos
en el cuerpo.

2 Bañamos todo el
búho en el líquido y
lo dejamos reposar.
Repetimos los pasos 1 y
2 con las demás bolas
de bizcocho. Fundimos
la manteca de cacao
en el microondas a
temperatura media
durante 2–4 minutos.
Pintamos los ojos de
blanco y dejamos que
se sequen antes de
decorarlos.

3 Cubrimos el cuerpo
del búho con polvos
comestibles. Aquí no hay
reglas, podemos combinar
una gran variedad de
colores y difuminarlos
para conseguir divertidas
tonalidades. Fundimos
la manteca de cacao
negra en el microondas
a temperatura media
durante 2–4 minutos.
Pintamos los detalles
de los ojos y el pico.
Dejamos secar los
búhos en el congelador
durante 5–10 minutos. A
continuación, los cubrimos
y los reservamos en el
frigorífico.

SETAS

Podemos posar pequeñas hadas de juguete encima o servir las setas con el té en una fiesta temática de Alicia en el País de las Maravillas.

NECESITAMOS

20 bolas de bizcocho
  de 30 g *(ver página 11)*
1 paquete de 400 g de
  Candy Melts rojos y
  blancos
manteca de cacao blanca

*20 palitos de piruleta
una paleta
un pincel fino*

1 Amasamos un trozo de la bola de bizcocho y le damos forma de tronco. Con el resto, hacemos el sombrero, asegurándonos de que tenga la base plana y la parte superior redondeada. Derretimos los Candy Melts blancos *(ver pp. 12–13)* y pegamos el tronco al sombrero.

2 Sumergimos 1 cm del palito de piruleta en el líquido y lo insertamos a través del tronco hasta la mitad del sombrero. Bañamos toda la seta en el líquido blanco y la dejamos reposar. Repetimos los pasos 1 y 2 con las demás bolas de bizcocho, dejando que se seque la cobertura blanca.

3 Fundimos los Candy Melts rojos. Sumergimos la parte superior del sombrero en el líquido y dejamos que se seque. Fundimos la manteca de cacao blanca y con ella pintamos los puntos blancos. Secamos las setas en el congelador durante 5–10 minutos. Después, las cubrimos y las reservamos en el frigorífico.

CERDITOS

¡Qué familia de cerditos tan
encantadora posando para
la foto! ¡Estos no se venden
en la carnicería!

NECESITAMOS

20 bolas de bizcocho
 de 30 g (ver página 11)
1 paquete de 400 g de
 Candy Melts rosas
confites grandes de
 corazones rojos
manteca de cacao blanca,
 roja y negra

20 palitos de piruleta
una paleta
un pincel fino

1 Moldeamos un hocico redondo en la bola de bizcocho. Derretimos los Candy Melts rosas (ver pp. 12–13). Para hacer las orejas, sumergimos un confite de corazón en el líquido derretido y lo insertamos en la cabeza con la punta hacia arriba. Sumergimos 1 cm del palito de piruleta en el líquido y lo insertamos en la cabeza.

2 Bañamos toda la bizcoleta de cerdito en el líquido rosa de los Candy Melts y la dejamos reposar. Repetimos los pasos 1 y 2 con las demás bolas de bizcocho.

3 Fundimos la manteca de cacao blanca y roja en el microondas a temperatura media durante 2–4 minutos. Mezclamos el blanco y el rojo en la paleta y pintamos las mejillas rosadas y la punta del hocico. Con el blanco, pintamos los ojos, y con el rojo, añadimos una pícara sonrisa. Los dejamos secar.

4 Fundimos la manteca de cacao negra y pintamos los ojos, los bigotes y las gafas: no son cerditos normales, ¡son súper elegantes! Los dejamos secar en el congelador durante 5–10 minutos. Después, los cubrimos y los reservamos en el frigorífico.

NECESITAMOS

**20 bolas de bizcocho
de 30 g** *(ver página 11)*
**1 paquete de 400 g de
Candy Melts de colores
variados
confites grandes de
corazones rojos
manteca de cacao blanca
y negra
polvos comestibles
purpurinas comestibles**

*20 palitos de piruleta
una paleta
un pincel fino*

1 Amasamos la bola
de bizcocho para que
tenga forma de pájaro.
Formamos una especie
de salchicha, con un
extremo un poco más
grueso y curvado
para crear la cabeza,
y la redondeamos.
Aplastamos el extremo
opuesto para hacer
la cola. Derretimos los
Candy Melts *(ver pp.
12-13)*: podemos mezclar
los blancas y los negras
para conseguir un
tono gris. Empapamos
un confite de corazón
en el líquido derretido
y lo insertamos en la
cabeza como si fuera el
pico. Sumergimos 1 cm
del palito en el líquido
de los Candy Melts y lo
insertamos en el cuerpo
del pájaro.

2 Bañamos todo el
pájaro en el líquido
derretido y lo dejamos
reposar. Repetimos
los pasos 1 y 2 con
las demás bolas de
bizcocho.

3 Fundimos la manteca de
cacao en el microondas
a temperatura media
durante 2-4 minutos.
Pintamos puntos blancos a
modo de ojos. Los dejamos
secar y después añadimos
puntos negros para crear
las pupilas. Aplicamos al
pájaro vistosos polvos
difuminados y purpurina.
Para finalizar, pintamos
los detalles del pico y las
alas. Secamos los pájaros
en el congelador durante
5-10 minutos. Después, los
cubrimos y los reservamos
en el frigorífico.

*Para el pavo real, usamos la forma
básica de pájaro pero con la cola
aplastada en forma de abanico. Disfruta
pintando los adornos de la cola.*

PAJARITOS

¡Qué colección tan encantadora y qué placer decorarlos con polvos comestibles! Disfruto un montón preparando la bizcoleta de pavo real.

ESTRELLAS
DE MAR

Una bizcoleta para los amantes del mar e ideal para fiestas playeras.

la receta de la preparación del bizcocho (no necesitamos hacer bolas)
1 paquete de 400 g de Candy Melts de colores variados como naranja melocotón y amarillo limón.
polvos comestibles

1 rodillo de amasar
cortador de galletas en forma de estrella
una paleta
un pincel fino

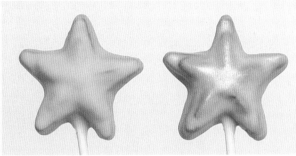

1 Amasamos el bizcocho y cortamos 20 estrellas (o las queramos) con el cortador de galletas. Derretimos los Candy Melts *(ver pp. 12–13)*. Para crear los detalles, añadimos bolitas alargadas de bizcocho a la estrella y las pegamos con el líquido. Sumergimos 1 cm del palito de piruleta en el líquido y lo insertamos entre las dos puntas de la estrella. Repetimos el mismo proceso con las demás estrellas de mar y luego las dejamos secar en el congelador durante 10 minutos.

2 Bañamos las estrellas en el líquido de los Candy Melts y las dejamos reposar. Antes, deben endurecerse bien en el congelador para que conserven la forma después de bañarlas.

3 Usamos polvos comestibles para difuminar y decorar la estrella de mar, marcando los detalles de las puntas estiradas. Las cubrimos y las reservamos en el frigorífico.

TRU CO

Si notamos que la estrella se derrite mientras la sujetamos con la mano, la devolvemos al congelador para que se endurezca antes de sumergirla en los Candy Melts. Esto viene bien para todas las bizcoletas que tengan una forma complicada, como las estrellas de mar o los elefantes (ver p. 60).

CANICAS

Estas maravillosas canicas son perfectas para los fans de los juegos infantiles tradicionales.

NECESITAMOS

20 bolas de bizcocho
de 30 g *(ver página 11)*
1 paquete de 400 g de
Candy Melts de tres
colores que contrasten

20 palitos de piruleta

1 Derretimos los Candy Melts *(ver pp. 12–13)* en boles distintos. Sumergimos 1 cm del palito de piruleta en el líquido derretido y lo insertamos en la bola de bizcocho. Bañamos la bizcoleta con el primer color derretido y la agitamos con suavidad para eliminar el exceso de líquido.

2 Usamos una cuchara para aplicar el siguiente color, girando la bola para que se mezcle bien con el color de base.

3 Usamos una cuchara diferente para aplicar el tercer color, girando la bola como se indica en el paso 2.

4 Sostenemos la bola sobre un plato y la agitamos para que los colores se mezclen y se cree un efecto jaspeado. Repetimos los pasos 1 a 4 con las demás bolas. Las dejamos reposar, las cubrimos y las reservamos en el frigorífico.

TRU CO

Cuanto más contrasten los colores, más real será el efecto jaspeado. ¡El blanco y el negro crean un efecto realmente espectacular!

FRUTAS

En esta receta creamos una sandía, pero también podemos hacer una macedonia con kiwis, plátanos, piña o fresas. ¡Deja volar la imaginación!

NECESITAMOS

20 bolas de bizcocho de 30 g *(ver página 11)*
1 paquete de 400 g de Candy Melts rojos, blancos y verdes
manteca de cacao negra

*20 palitos de piruleta
una paleta
un pincel*

1 Amasamos una bola de bizcocho y le damos forma de triángulo con una base redonda. Derretimos los Candy Melts rojos *(ver pp. 12-13)*. Sumergimos 1 cm del palito de piruleta en el líquido y lo insertamos en la bola. Bañamos toda la bizcoleta en el líquido rojo. Repetimos el mismo proceso con las demás bolas y las dejamos reposar.

2 Derretimos los Candy Melts blancos. Sumergimos un lado de la bizcoleta en el líquido blanco y la dejamos reposar. Derretimos los Candy Melts verdes y sumergimos el lado blanco en el líquido verde para hacer la cáscara, dejando una pequeña tira blanca *(ver consejo p. 25)*. Dejamos reposar las bizcoletas.

3 Fundimos la manteca de cacao negra en el microondas a temperatura media durante 2-4 minutos y pintamos pequeños puntos negros a modo de pepitas. Dejamos secar las sandías en el congelador durante 5-10 minutos. Después, las cubrimos y las reservamos en el frigorífico.

ELEFANTES

¡El circo llega a la ciudad! Son las bizcoletas más atrevidas y pondrán a prueba tus artes escultóricas, ¡pero los resultados serán fantásticos!

**20 bolas de bizcocho
de 30 g** *(ver página 11)*
**1 paquete de 400 g de
Candy Melts de colores
variados: gris, lila, azul
claro.
manteca de cacao blanca,
roja y negra
polvos cosmetibles
(también polvos dorados)**

*20 palitos de piruleta
una paleta
un pincel*

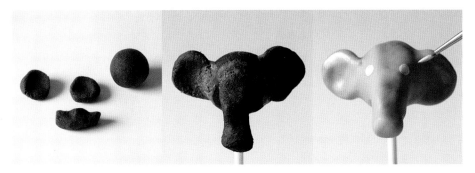

1 Con la bola de
bizcocho formamos las
partes del elefante: dos
orejas aplastadas, una
trompa cilíndrica y una
cabeza redonda.

2 Derretimos los Candy
Melts *(ver pp. 12-13)* y
con el líquido pegamos
las diferentes partes.
Reservamos la cabeza en
el congelador durante
5 minutos para que se
endurezca. Sumergimos
1 cm de un palito en el
líquido derretido y lo
insertamos en la cabeza.
Repetimos los pasos 1 y 2
con las demás bolas.

3 Bañamos la bizcoleta con el líquido derretido y la
dejamos reposar. Fundimos la manteca de cacao
blanca en el microondas a temperatura media durante
2-4 minutos y pintamos los ojos. Cuando se hayan
secado, aplicamos polvos comestibles difuminados
a las orejas y al final de la trompa. Espolvoreamos
la cabeza para hacer el velo y lo delineamos con
un poco de polvo dorado y agua: con esta mezcla
creamos unos bonitos detalles dorados. Fundimos la
manteca de cacao roja y negra en el microondas a
temperatura media durante 2-4 minutos. Pintamos los
ojos y añadimos las pestañas, los orificios nasales y una
boquita roja. Secamos las bizcoletas en el congelador
durante 5-10 minutos. Después, las cubrimos y las
reservamos en el frigorífico.

PROVEEDORES

Todo el material y los ingredientes empleados para preparar las bizcoletas se pueden adquirir a través de proveedores especializados en decoración de pasteles. Hay que tener en cuenta que aparecen nuevos ingredientes constantemente, así es que si dedicas tiempo a buscar nuevos productos decorativos en las tiendas, te vendrá la inspiración y un aluvión de ideas.

POP Bakery
www.popbakery.co.uk
El hogar de las bizcoletas y un lugar donde inspirarse.

Comercial Mínguez (Madrid)
www.comercial-minguez.es
Esta veterana tienda dispone de todo tipo de artículos para confitería. También vende por Internet.

Keyks (Madrid)
www.keyks.es/online
Con tiendas en Madrid capital y en Pozuelo, dispone de todo para la decoración dulce: goma tragacanto, manteca de cacao, colorantes, fondant, moldes... Vende por Internet.

Club Cocina (Madrid)
www.clubcocina.es
En su tienda y por Internet vende colorantes, aromas, polvos, purpurinas, confites y toda clase de moldes.

Mundo de la Repostería (Barcelona)
www.mundodelareposteria.es
En su amplio catálogo destacan los productos de la marca Wilton (Candy Melts). Con tienda física y *on line*.

Make a Wish Cake Shop (Reino Unido)
www.makeawishcakeshop.co.uk
Para las pajaritas, envoltorios, palitos de piruleta, coberturas y confites. Venden por Internet a toda Europa.

Wilton (EE UU)
www.wilton.com
Es la marca de referencia para productos como los Candy Melts.

Rainbow Dust (Reino Unido)
www.rainbowdust.co.uk/
Una marca de referencia en rotuladores, polvos y purpurinas de uso alimentario. Vende por Internet.

Cake, Cookies & Crafts (Reino Unido)
www.cakescookiesandcraftsshop.co.uk
Para los confites grandes y la goma tragacanto. Vende por Internet.

Home Chocolate Factory (Reino Unido)
www.homechocolatefactory.com
Para la manteca de cacao. Vende *on line*.

Sugarcraft (EE UU)
www.sugarcraft.com
Para la manteca de cacao. Vende *on line*.

Squires Kitchen (Reino Unido)
www.squires-shop.com/
Para la goma tragacanto y otros ingredientes especiales. Tienda *on line* en español.

ÍNDICE

AGRADECIMIENTOS

Mi más sincero agradecimiento a Jason por su ayuda y sus consejos en los inicios de POP Bakery; a Michael y a mi familia por lo mucho que me han apoyado y animado; a Nichole y a Marcus por sus preciosas fotos y su profesionalidad, y a Maya, una verdadera artista de las bizcoletas.